PIÈCES
ORIGINALES

CONCERNANT

LA MORT

DÉS Srs CALAS,

ET LE JUGEMENT

RENDU A TOULOUSE.

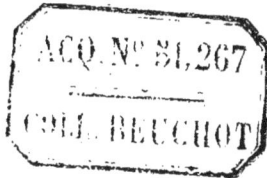

PIECES
ORIGINALES

CONCERNANT

LA MORT

DES Sr. CALAS,

ET LE JUGEMENT

RENDU A TOULOUSE.

Extrait d'une lettre de la dame veuve Calas du 15. Juin 1762. de Paris ou elle est avec le Sr. la Vaisse.

NOn, Mr. il n'y a rien que je ne fasse pour prouver notre innocence, préférant de mourir justifiée à vivre & à être crue coupable. On continue d'opprimer l'innocence, & d'exercer sur nous & nôtre déplorable famille une cruelle persécution. On vient encore de me faire enlever, comme vous le savez, mes chères filles, seuls restes de ma consolation,

A ij

pour les conduire dans deux différens couvens de Touloufe ; on les méne dans le lieu qui a fervi de théatre à tous nos affreux malheurs : on les a même féparées. Mais fi le Roi daigne ordonner qu'on ait foin d'elles, je n'ai qu'à le bénir. Voici exactement le détail de nôtre malheureufe affaire, tout comme èlle s'eft paffée au vrai.

Le 13. Octobre 1761. jour infortuné pour nous, Mr. *Gober la Vaiffe*, arrivé de Bordeaux, (où il avait refté quelque tems) pour voir fes parens, qui étaient pour lors à leur campagne , & cherchant un cheval de louage pour les y aller joindre, fur les 4 à 5 heures du foir , vient à la maifon; & mon mari lui dit que puifqu'il ne partait pas, s'il voulait fouper avec nous, il nous ferait plaifir; à quoi le jeune homme confentit; & il monta me voir dans ma chambre, d'où, contre mon ordinaire, je n'étais pas fortie. Le premier compliment fait, il me dit, Je foupe avec vous, vôtre mari m'en a prié; je lui en témoignai ma satisfaction, & le quittai quelques momens pour aller donner des ordres à ma servante : en conséquence je fus auſſi trouver mon fils aîné (*Marc-Antoine*) que je trouvai aſſis tout ſeul dans la boutique, & fort rêveur, pour le prier d'aller acheter du fromage de Roquefort ; il était ordinairement le pourvoyeur pour cela, parce qu'il s'y connaiſſait mieux que les autres : je lui dis donc, Tiens, va acheter du fromage de Roquefort, voilà de l'argent pour cela, & tu rendras le reſte à ton père ; & je retourne dans ma chambre joindre le jeune homme (*La Vaiſſe*) que j'y avais laiſſé. Mais peu d'inſtans après, il me quitta, diſant qu'il voulait retourner chez les tenaſſiers *a*), voir s'il y avait quelque cheval d'arrivé, voulant abſolument partir le lendemain pour la campagne de ſon père, & il ſortit.

Lorſque mon fils aîné eu fait l'emplette du fromage, l'heure du ſouper arrivée *b*), tout le monde ſe rendit

a) Ce ſont les loueurs de chevaux.
b) Sur les ſept heures.

pour fe mettre à table, & nous nous y plaçames. Durant le fouper qui ne fut pas fort long , on s'entretint de chofes indiférentes, & entre autres des antiquités de l'hôtel de ville; & mon cadet (*Pierre*) voulut en citer quelques-unes, & fon frère le reprit, parce qu'il ne les racontait pas bien, ni jufte.

Lorfque nous fûmes au deffert, ce malheureux enfant, je veux dire mon fils aîné (*Marc Antoine*) fe leva de table , comme c'était fa coutume, & paffa à la cuifine. La fervante *c*) lui dit, Avez-vous froid, Mr. l'aîné? chaufez-vous; il lui répondit, Bien au contraire, je brûle; & fortit. Nous reftames encore quelques momens à table, après quoi nous paffames dans cette chambre que vous connaiffez , & où vous avez couché, Mr. *La Vaiffe*, mon mari, mon fils & moi; les deux premiers fe mirent fur le fofa, mon cadet fur un fauteuil, & moi fur une chaife, & là nous fimes la converfa-

c) La cuifine eft auprès de la falle à man-ger , au premier étage.

tioh tous enfemble. Mon fils cadet s'endormit, & environ fur les neuf heures trois quarts à dix heures, Mr. *La Vaiffe* prit congé de nous, & nous réveillames mon cadet pour aller accompagner ledit *La Vaiffe*, lui remettant le flambeau à la main pour lui faire lumière, & ils defcendirent enfemble.

Mais lorfqu'ils furent en bas, l'inftant d'après, nous entendimes de grands cris d'allarme, fans diftinguer ce que l'on difait, auxquels mon mari accourut, & moi je demeurai tremblante fur la galerie, n'ofant defcendre, & ne fachant ce que ce pouvait être.

Cependant, ne voyant perfonne venir, je me déterminai de defcendre, ce que je fis ; mais je trouvai au bas de l'efcalier Mr. *La Vaiffe*, à qui je demandai avec précipitation, qu'eft-ce qu'il y avait ? il me répondit qu'il me fupliait de remonter, que je le fçaurais ; & il me fit tant d'inftance que je remontai avec lui dans ma chambre. Sans doute que c'était pour m'épargner la douleur de voir mon fils dans

cet état, & il redefcendit; mais l'incertitude où j'étais, était un état trop
violent pour pouvoir y refter longtems; j'appelle donc ma fervante, &
lui dis, *Janette*, allez voir ce qu'il y
a là bas, je ne fçais pas ce que c'eft,
je fuis toute tremblante, & je lui mis
la chandelle à la main, & elle defcendit; mais ne la voyant point remonter pour me rendre compte, je
defcendis moi-même. Mais grand
Dieu! quelle fut ma douleur & ma
furprife, lorfque je vis ce cher fils é-
tendu à terre! Cependant je ne le crus
pas mort, & je courus chercher de
l'eau de la reine d'Hongrie, croyant
qu'il fe trouvait mal; & comme l'ef-
pérance eft ce qui nous quitte le dernier, je lui donnai tous les fecours
qu'il m'était poffible pour le rappeller
à la vie, ne pouvant me perfuader
qu'il fut mort. Nous nous en flattions
tous, puifque l'on avait été chercher
le chirurgien, & qu'il était auprès de
moi, fans que je l'euffe vû ni aperçû,
que lorfqu'il me dit qu'il était inutile
de lui faire rien de plus, qu'il était

mort. Je lui foutins alors que cela ne fe pouvoit pas , & je le priai de redoubler fes attentions, & de l'examiner plus exactement , ce qu'il fit inutilement ; cela n'était que trop vrai , & pendant tout ce tems là mon mari étoit apuié fur un comptoir à fe défefpérer ; de forte que mon cœur était déchiré entre le déplorable fpectacle de mon fils mort, & la crainte de perdre ce cher mari de la douleur à laquelle il fe livrait tout entier fans entendre aucune confolation ; & ce fut dans cet état que la Juftice nous trouva , lorfqu'elle nous arrêta dans nôtre chambre, où on nous avait fait remonter.

Voilà l'affaire tout comme elle s'eft paffée mot à mot, & je prie Dieu qui connait nôtre innocence, de me punir éternellement, fi j'ai augmenté ni diminué d'un *jota*, & fi je n'ai dit la pure vérité en toutes fes circonftances ; je fuis prête à fceller de mon fang cette vérité &c.

LETTRE

DE DONAT CALAS Fils,

A LA VEUVE

DAME CALAS SA MERE.

De Châtelaine 22 Juin 1762.

MA chère infortunée & respectable mère. J'ai vû votre lettre du 15. Juin entre les mains d'un ami qui pleurait en la lisant; je l'ai mouillée de mes larmes. Je suis tombé à genoux, j'ai prié Dieu de m'exterminer, si aucun de ma famille était coupable de l'abominable parricide imputé à mon père, à mon frere, & dans lequel vous, la meilleure & la plus vertueuse des mères, avez été impliquée vous-même.

Obligé d'aller en Suisse depuis quelques mois pour mon petit commerce, c'est là que j'apris le désastre inconcevable de ma famille entiére. Je sçus

d'abord que vous ma mére, mon père, mon frère *Pierre Calas*, Mr. *La
Vaiſſe*, jeune homme connu pour ſa
probité & pour la douceur de ſes
mœurs, vous étiez tous aux fers à
Touloufe ; que mon frère aîné,
Marc-Antoine Calas, était mort d'une
mort affreuſe, & que la haine qui
naît ſi ſouvent de la diverſité des religions, vous accuſait tous de ce meurtre. Je tombai malade dans l'excès de
ma douleur, & j'aurais voulu être
mort.

On m'aprit bientôt qu'une partie de
la populace de Toulouſe avait crié à
notré porte en voyant mon frère ex-
piré ; *C'eſt ſon père, c'eſt ſa famille proteſtante qui l'a aſſaſſiné ; il voulait ſe faire catholique*; (a) *il devait abjurer le*

(a) On a dit qu'on l'avait vû dans une é-
gliſe. Eſt ce une preuve qu'il devait abjurer ?
ne voit on pas tous les jours des catholiques
venir entendre les prédicateurs célèbres en
Suiſſe, dans Amſterdam, à Genève, &c. ?
Enfin il eſt prouvé que *Marc-Antoine Calas*
n'avait pris aucunes meſures pour changer
de religion ; ainſi nul motif de la colère pré-
tendue de ſes parens.

lendemain; *fon père l'a étranglé de fes mains, croyant faire une œuvre agréable a Dieu; Il a été affifté dans ce facrifice par fon fils Pierre, par fa femme par le jeune La Vaiffe.*

On ajoutait que *La Vaiffe* âgé de vingt ans, arrivé de Bordeaux le jour même, avait été choifi dans une affemblée de proteftans, pour être le boureau de la fecte, & pour étrangler quiconque changerait de religion. On criait dans Touloufe que c'était la jurifprudence ordinaire des réformés.

L'extravagance abfurde de ces calomnies me raffurait; plus elles manifeftaient de démence, plus j'efpérai de la fageffe de vos Juges.

Je tremblai, il eft vrai, quand toutes les nouvelles m'aprirent qu'on avait commencé par faire enfevelir mon frère *Marc Antoine* dans une églife catholique, fur cette feule fupofition imaginaire, qu'il devait changer de religion. On nous apprit que la confrairie des pénitens blancs lui avait fait un fervice folemnel comme à un

martir, qu'on lui avait dreffé un mau-
folée, & qu'on avait placé fur ce mau-
folée fa figure, tenant dans les mains
une palme.

Je ne preffentis que trop les effets
de cette précipitation, & de ce fatal
entoufiafme. Je connus que puifqu'on
regardait mon frère *Marc-Antoine* comme un martir, on ne voyait dans mon
père, dans vous, dans mon frère
Pierre dans le jeune *La Vaiffe* que des
boureaux. Je reftai dans une horreur
ftupide un mois entier. J'avais beau
me dire à moi-même, Je connais mon
malheureux frère, je fçais qu'il n'a-
vait point le deffein d'abjurer; je fçais
que s'il avait voulu changer de religion,
mon père & ma mère n'auraient jamais gêné fa confcience; ils ont trouvé bon que mon autre frère *Louis* fe
fit Catholique; ils lui font une pen-
fion; rien n'eft plus cummun dans les
familles de ces provinces, que de voir
des frères de religion différente; l'a-
mitié fraternelle n'en eft point refroi-
die; la tolérance heureufe, cette fain-
te & divine maxime dont nous faifons

profeſſion, ne nous laiſſe condamner
perſonne; nous ne ſavons point pré-
venir les jugemens de Dieu; nous ſui-
vons les mouvemens de notre con-
ſcience, ſans inquiéter celle des autres.

Il eſt imcompréhenſible, diſais-je,
que mon père & ma mère, qui n'ont jamais maltraité aucun de leurs enfans,
en qui je n'ai jamais vû ni colère, ni
humeur, qui jamais en leur vie n'ont
commis la plus légère violence, ayant
paſſé tout d'un coup d'une douceur ha-
bituelle de trente années, à la fureur
inouïe d'étrangler de leurs mains leur
fils aîné, dans la crainte chimérique
qu'il ne quitât une religion qu'il ne
voulait point quitter.

Voilà, ma mère, les idées qui me
raſſuraient; mais à chaque poſte, c'é-
taient de nouvelles allarmes. Je vou-
lais venir me jetter à vos pieds, &
baiſer vos chaines. Vos amis mes
protecteurs me retinrent par des con-
ſidérations auſſi puiſſantes que ma
douleur.

Ayant paſſé près de deux mois dans
cette incertitude éfrayante, ſans pou-

voir ni recevoir de vos lettres, ni vous faire parvenir les miennes, je vis enfin les mémoires produits pour la justification de l'innocence. Je vis dans deux de ces factums précisément la même chose que vous dites aujourd'hui dans votre lettre du 15. Juin, que mon malheureux frère *Marc Antoine* avait soupé avec vous avant fa mort, & qu'aucun de ceux qui affistèrent à ce dernier repas de mon frère ne fe fépara de la compagnie qu'au moment fatal où l'on s'aperçut de fa fin tragique (*a*).

(*a*) Il eft de la plus grande vraifemblance que *Marc-Antoine Calas* fe défit lui-même; il était mécontent de fa fituation; il était fombre, atrabilaire, & lifait fouvent des ouvrages fur le fuicide. *La Vaiffe* avant le fouper l'avait trouvé dans une profonde réverie. Sa mère s'en était auffi aperçue. Ces mots *je brule* répondus à la fervante, qui lui propofait d'aprocher du feu, font d'un grand poids. Il defcend feul en bas après fouper. Il exécute fa réfolution funefte. Son frère au bout de deux heures, en reconduifant *La Vaiffe*, eft témoin de ce fpectacle. Tous deux s'écrient; le père vient, on dépend le cadavre: voilà la première caufe du jugement

Pardonnez-moi fi je vous rappelle toutes ces images horribles; il le faut bien. Nos malheurs nouveaux vous retracent continuellement les anciens, & vous ne me pardonneriez pas de ne point rouvrir vos bleffures. Vous ne fauriez croire, ma mère, quel effet favorable fit fur tout le monde cette preuve que mon père & vous, & mon frère *Pierre*, & le fieur *La Vaiffe*, vous ne vous étiez pas quittés un moment dans le tems qui s'écoula entre ce trifte fouper, & votre emprifonement.

Voici comme on a raifonné dans tous les endroits de l'Europe où notre calamité eft parvenue; j'en fuis bien informé, & il faut que vous le fachiez. On difait:

Si *Marc-Antoine Calas* a été étranglé

porté contre cet infortuné père. Il ne veut pas d'abord dire aux voifins, aux chirurgiens, Mon fils s'eft pendu, il faut qu'on le traîne fur la claye, & qu'on des-honore ma famille. Il n'avoue la vérité que lorfqu'on ne peut plus la céler. C'eft fa piété paternelle qui l'a perdu: on a cru qu'il était coupable de la mort de fon fils, parce qu'il n'avait pas voulu d'abord accufer fon fils.

par quelqu'un de fa famille, il l'a été
certainement par fa famille entière &
par *La Vaiffe*, & par la fervante même ;
car il eft prouvé que cette famille, &
La Vaiffe, & la fervante b) furent toû-
jours tous enfemble, les juges en con-
viennent, rien n'eft plus avéré. Ou
tous les prifonniers font coupables, ou
aucun d'eux ne l'eft, il n'y a pas de
milieu. Or il n'eft pas dans la nature
qu'une famille, jufques-là irréprocha-
ble, un père tendre, la meilleure des
mères, un frère qui aimait fon frère,
un ami qui arrivait dans la ville, &
qui par hazard avait foupé avec eux,
ayent pû prendre tous à la fois, & en
un moment, fans aucune raifon, fans
le moindre motif, la réfolution inouïe
de commettre un parricide. Un tel
complot dans de telles circonftances

---

b) Cette fervante eft catholique & pieufe ;
elle était dans la maifon depuis trente ans ;
elle avait beaucoup fervi à la converfion
d'un des enfans du Sr. *Calas*. Son témoi-
gnage eft du plus grand poids. Comment n'a-
t-il pas prévalu fur les préfomptions les plus
trompeufes ?

B

eft impoffible; *c*) l'exécution en eft plus impoffible encore. Il eft donc infiniment probable que les juges répareront l'affront fait à l'innocence.

Ces difcours me foutenaient un peu dans mon accablement.

Toutes ces idées de confolation ont été bien vaines. La nouvelle arriva au mois de Mars, du fuplice de mon père. Une lettre qu'on voulait me cacher, & que j'arrachai, m'apprit ce que je n'ai pas la force d'exprimer, & ce qu'il vous a fallu fi fouvent entendre.

Soutenez-moi, ma mère, dans ce moment où je vous écris en tremblant, & donnez moi votre courage ; il eft égal à votre horrible fituation.

c) Dans quel tems le père aurait-il pû pendre fon fils ? Ce n'eft pas avant le fouper, puifqu'ils foupèrent enfemble. Ce n'eft pas pendant le fouper, ce n'eft pas après le fouper, puifque le père & la famille étaient en haut quand le fils était defcendu. Comment le père, affifté même de main-forte, aurait-il pû pendre fon fils aux deux battans d'une porte au rez de chauffée, fans un violent combat, fans un tumulte horrible ? Enfin, pourquoi ce père aurait-il pendu fon fils pour le dépendre ? Quelle abfurdité dans ces accufations !

Vos enfans difperfés, votre fils aîné mort à vos yeux, votre mari mon père, expirant du plus cruel des fuplices, votre dot perdue, l'indigence & l'oprobre fuccédant à la confidération & à la fortune. Voilà donc votre état! mais Dieu vous refte, il ne vous a pas abandonnée; l'honneur de mon père vous eft cher, vous bravez les horreurs de la pauvreté, de la maladie, de la honte même, pour venir de deux cent lieuës, implorer aux pieds du trône la juftice du Roi; fi vous parvenez à vous faire entendre, vous l'obtiendrez fans doute.

Que pourrait-on oppofer aux cris & aux larmes d'une mère & d'une veuve, & aux démonftrations de la raifon? Il eft prouvé que mon père ne vous a pas quittée, qu'il a été conftamment avec vous, & avec tous les accufés, dans l'apartement d'enhaut, tandis que mon malheureux frère était mort au bas de la maifon. Cela fuffit. On a condamné mon père au dernier & au plus affreux des fupplices; mon frère eft banni par un fecond jugement, & malgré fon banniffement on le met dans un couvent de Jacobins de la même ville. Vous êtes hors de cour, *La Vaiſſe* hors de cour. Perſonne n'a conçu ces jugemens extraordinaires & contradictoires. Pourquoi mon frère n'eſt il que banni s'il eſt coupable du meurtre de fon frère? Pourquoi, s'il eſt banni du Languedoc, eſt il enfermé dans un couvent de Touloufe? On n'y comprend rien. Chacun cherche la raifon de ces arrêts & de cette conduite, & perſonne ne la trouve.

Tout ce que je fçais, c'eſt que les Juges, fur des indices trompeurs, voulaient condamner tous les accufés au fuplice, & qu'ils fe contentèrent de faire périr mon père, dans l'idée où ils étaient que cet infortuné avouerait en expirant le crime de toute la famille. Ils furent étonnés, m'a-t-on dit, quand mon père, au milieu des tourmens, prit Dieu à témoin de fon innocence & de la votre, & mourut en priant ce Dieu de miféricorde, de faire grace à ces Juges de rigueur, que la calomnie avait trompés.

Ce fut alors qu'ils prononcèrent l'arrêt qui vous a rendu la liberté, mais qui ne vous a rendu ni vos biens diſſipés, ni vôtre honneur indignement flétri, ſi pourtant l'honneur dépend de l'injuſtice des hommes.

Ce ne ſont pas les Juges que j'accuſe, ils n'ont pas voulu, ſans doute, aſſaſſiner juridiquement l'innocence; j'impute tout aux calomnies, aux indices faux, mal expoſés, aux raports de l'ignorance, *d*) aux mépriſes extravagantes de quelques dépoſans, aux cris d'une multitude inſenſée, & à ce zèle furieux qui veut que ceux qui ne penſent pas comme nous, ſoient capables des plus grands crimes.

d) Quand le père & la mère en larme étaient vers les dix heures du ſoir auprès de leur fils *Marc-Antoine* déja mort & froid, ils s'écriaient, ils pouſſaient des cris pitoyables, ils éclataient en ſanglots; & ce ſont ces ſanglots, ces cris paternels, qu'on a imaginé être les cris mêmes de *Marc-Antoine Calas* mort deux heures auparavant: & c'eſt ſur cette mépriſe qu'on a cru qu'un père & une mère qui pleuraient leur fils mort aſſaſſinaient ce fils; & c'eſt ſur cela qu'on a jugé.

Il vous fera aifé, fans doute, de diffiper les illufions *e*) qui ont furpris des Juges, d'ailleurs intègres & éclairés; car enfin, puifque mon père a été le feul condamné, il faut que mon père ait commis feul le parricide. Mais comment fe peut-il faire qu'un vieillard de foixante & huit ans, que j'ai vû pendant deux ans attaqué d'un rhumatifme fur les jambes, ait feul pendu un jeune homme de vingt-huit ans, dont la force prodigieufe & l'adreffe fingulière étaient connues?

Si le mot de *ridicule* pouvait trouver place au milieu de tant d'horreurs, le ridicule exceffif de cette fuppofition fuffirait feule, fans autre examen, pour nous obtenir la réparation qui nous

---

e) Un témoin a prétendu, qu'on avoit entendu *Calas* père menacer fon fils quelques femaines auparavant. Quel raport des menaces paternelles peuvent-elles avoir avec un parricide? *Marc-Antoine Calas* paffait fa vie à la paume, au billard, dans les falles d'arme; le père le menaçait s'il ne changeait pas. Cette jufte correction de l'amour paternel, & peut-être quelque vivacité, prouveront-ils le crime le plus atroce & le plus dénaturé?

eſt due. Quels miſérables indices, quels diſcours vagues, quels raports populaires pourront tenir contre l'inpoſſibilité phyſique démontrée?

Voilà où je m'en tiens. Il eſt impoſſible que mon père, que même deux perſonnes ayent pû étrangler mon frère. Il eſt impoſſible encor une fois que mon père ſoit ſeul coupable, quand tous les accuſés ne l'ont pas quitté d'un moment. Il faut donc abſolument, ou que les juges ayent condamné un innocent, ou qu'ils ayent prévariqué en ne purgeant pas la terre de quatre monſtres coupables du plus horrible crime.

Plus je vous aime & vous reſpecte, ma mère, moins j'épargne les termes. L'excès de l'horreur dont on vous a chargée, ne ſert qu'à mettre au jour l'excès de votre malheur & de votre vertu. Vous demandez à préſent ou la mort ou la juſtification de mon père; je me joins à vous, & je demande la mort avec vous, ſi mon père eſt coupable.

Obtenez ſeulement que les juges

B iv

produifent le procès criminel , c'eft tout ce que je veux, c'eft ce que tout le monde défire, & ce qu'on ne peut refufer. Toutes les nations , toutes les religions y font intéreffées. La juftice eft peinte un bandeau fur les yeux , mais doit-elle être muette? Pourquoi, lorfque l'Europe demande compte d'un arrêt fi étrange , ne s'empreffe-t-on pas à le donner?

C'eft pour le public que la punition des fcélerats eft décernée. Les accufations fur lesquelles on les punit doivent donc être publiques. On ne peut retenir plus longtems dans l'obfcurité ce qui doit paraître au grand jour. Quand on veut donner quelque idée des tyrans de l'antiquité, on dit qu'ils décidaient arbitrairement de la vie des hommes. Les juges de Touloufe ne font point des tyrans, ils font les miniftres des loix, ils jugent au nom d'un Roi jufte : s'ils ont été trompé, c'eft qu'ils font hommes : ils peuvent le reconnaître , & devenir eux-mêmes vos avocats auprès du trône.

Adreffez-vous donc à Mr. le Chancelier, *f*) a Meffieurs les Miniftres
avec confiance. Vous êtes timide,
vous craignez de parler, mais votre
caufe parlera. Ne croyez point qu'à

f) Mr. le Chancelier fe fouviendra fans
doute de ces paroles de Mr. *Daguesseau* fon
predéceffeur dans fa feiziéme mercuriale.
„ Qui croirait qu'une première impreffion
„ pût décider quelquefois de la vie & de la
„ mort? Un amas fatal de circonftances
„ qu'on dirait que la fortune a affemblées
„ exprès pour faire périr un malheureux,
„ une foule de témoins muets, & par là plus
„ redoutables, dépofent contre l'innocence;
„ le juge fe prévient, l'indignation s'allu-
„ me, & fon zéle même le féduit: moins
„ juge qu'accufateur il ne voit plus que ce
„ qui fert à condamner, & il facrifie aux rai-
„ fonnemens de l'homme celui qu'il aurait
„ fauvé s'il n'avait admis que les preuves de
„ la loi. Un événement imprévû fait quel-
„ quefois éclater dans la fuite l'innocence ac-
„ cablée fous les poids des conjectures, &
„ dément les indices trompeurs dont la fauf-
„ fe lumiére avait ébloui l'efprit du magi-
„ ftrat: La vérité fort du nuage de la vrai-
„ femblance; mais elle en fort trop tard, le
„ fang de l'innocent demande vengeance con-
„ tre la prévention de fon juge, & le magi-
„ ftrat eft réduit à pleurer toute fa vie un
„ malheur que fon repentir ne peut réparer ".

la Cour on foit auffi infenfible, auffi dur, auffi injufte, que l'écrivent d'impudens raifonneurs, à qui les hommes de tous les états font également inconnus. Le Roi veut la juftice, c'eft la baze de fon gouvernement; fon confeil n'a certainement nul intérêt que cette juftice ne foit pas rendue. Croyez-moi, il y a dans les cœurs de la compaffion & de l'équité: les paffions turbulentes & les préjugés étouffent fouvent en nous ces fentimens; & le confeil du Roi n'a certainement ni paffion dans cette affaire, ni préjugé qui puiffe éteindre fes lumières.

Qu'arrivera-t-il enfin? le procès criminel fera-t-il mis fous les yeux du public? alors on verra fi le raport contradictoire g) d'un chirurgien & quel-

---

g) De très-mauvais phyficiens ont prétendu qu'il n'était pas poffible que *Marc Antoine* fe fût pendu. Rien n'eft pourtant fi poffible: ce qui ne l'eft pas, c'eft qu'un vieillard ait pendu au bas de la maifon un jeune homme robufte, tandis que ce vieillard étoit en haut.

NB. Le père en arrivant fur le lieu où fon fils était fufpendu, avait voulu couper la

ques méprifes frivoles doivent l'emporter fur les démonftrations les plus évidentes que l'innocence ait jamais produites. Alors on plaindra les juges de n'avoir point vû par leurs yeux dans une affaire fi importante, & de s'en être raportés à l'ignorance; alors les juges eux-mêmes *b)* joindront leurs

---

corde, elle avait cedé d'elle-même; il crut l'avoir coupée. Il fe trompa fur ce fait inutile devant les juges qui le crurent coupable.

On dit encor que ce père accablé & hors de lui-même, avoit dit dans fon interrogatoire, *tous les conviés paffèrent au fortir de table dans la même Chambre. Pierre* lui repliqua, Eh mon père, oubliez-vous que mon frère *Marc-Antoine* fortit avant nous, & defcendit en bas? Oui, vous avez raifon, répondit le père. *Vous vous coupez, vous êtes coupable*, dirent les Juges. Si cette anecdote eft vraye, de quoi dépend la vie des hommes?

b) Qu'on opofe indices à indices, dépofitions, à dépofitions, conjectures à conjectures; & les avocats qui ont défendu la caufe des accufés, font prêts de faire voir l'innocence de celui qui a été facrifié. S'il ne s'agit que de conviction, on s'en raporte à l'Europe entière. S'il s'agit d'un examen juridique, on s'en raporte à tous les magiftrats, à ceux de Touloufe même,

voix aux nôtres. Refuferont - ils de
tirer la vérité de leur greffe ? cette

qui avec le tems fe feront un honneur &
un devoir de réparer, s'il eſt poſſible , un
malheur dont pluſieurs d'entr'eux font ef-
frayés aujourd'hui. Qu'ils defcendent dans
eux mêmes , qu'ils voyent par quel rai-
fonnement ils fe font dirigés. Ne fe font-
ils pas dit, *Marc Antoine Calas* n'a pû
fe pendre lui-même, donc d'autres l'ont pendu : il a foupé avec fa famille & avec *La
Vaiſſe*, donc il a été étranglé par fa famille
& par *La Vaiſſe* ? On l'a vû une ou deux
fois, dit-on, dans une églife , donc fa famille proteſtante l'a étranglé par principe de
religion. Voilà les préfomptions qui les ex-
cufent.

Mais à préfent , les Juges fe difent fans
doute, *Marc-Antoine Calas* a pû renoncer à
la vie ; il eſt phiſiquement impoſſible que fon
père feul l'ait étranglé, donc fon père feul
ne devait pas périr : il nous eſt prouvé que
la mère, & fon fils *Pierre*, & *La Vaiſſe*, &
la fervante, qui feuls pouvaient être coupables avec le père, font tous innocens, puifque nous les avons tous élargis ; donc il nous
eſt prouvé que *Calas* le père qui ne les a pas
quittés un inſtant eſt innocent comme eux.

Il eſt reconnu que *Marc-Antoine Calas* ne
devait pas abjurer, donc il eſt impoſſible
que fon père l'ait immolé à la fureur du fa-
natifme. Nous n'avons aucun témoin ocu-
laire, & il ne peut en être. Il n'y a eû

vérité s'élévera alors avec plus de force.

Perfiftez donc, ma mère, dans votre entreprife; laiffons là notre fortune; nous fommes cinq enfans fans pain, mais nous avons tous de l'honneur, & nous le préférons comme vous à la vie. Je me jette à vos pieds, je les baigne de mes pleurs; je vous demande votre bénédiction avec un refpect que vos malheurs augmentent.

DONAT CALAS.

A Chatelaine le 22 *Juin* 1762.

que des rapports d'après des ouï dire; or ces vains raports ne peuvent balancer la déclaration de *Calas* fur la roue, & l'innocence avérée des autres accufés; donc *Calas* le père que nous avons roué, était innocent; donc nous devons pleurer fur le jugement que nous avons rendu; & ce n'eft pas là le premier exemple d'un fi jufte & fi noble repentir.

A Amfterdam chez *Magerus* & *Harrevelt*, à Haarlem chez *J. Bofch*; à Leyden, chez les Frères *Luchtmans*; à Rotterdam *J. D. Beman*; à la Haye chez *Pierre Goffe* Junior & *Daniel Pinet.*

1762.

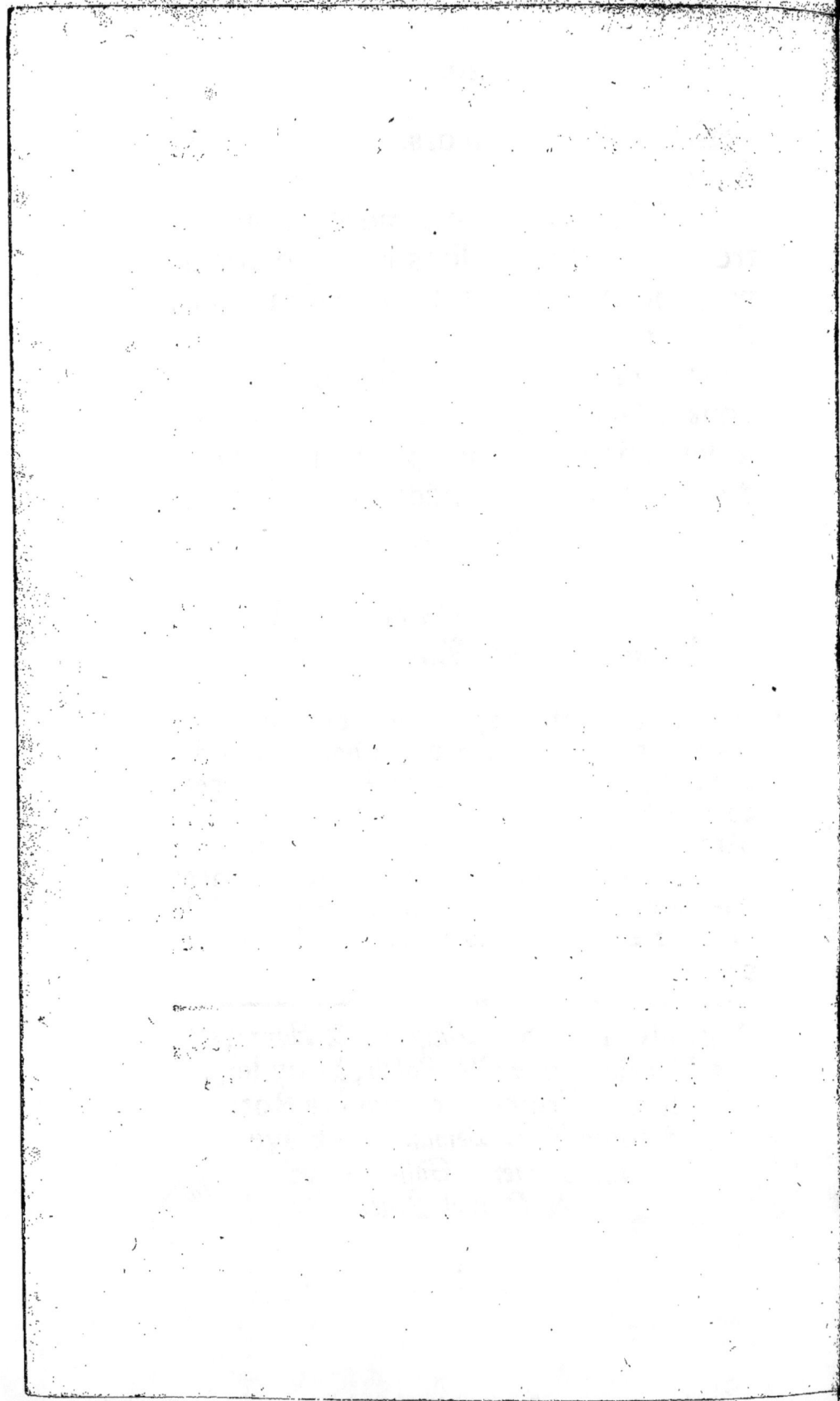

www.ingramcontent.com/pod-product-compliance
Lightning Source LLC
Chambersburg PA
CBHW060510200326

41520CB00017B/4983